給所有一路陪伴著我的
你/妳：
二十年來的每一天，因為有你們
的應援，才讓我能堅持下去。
時間帶不走你們的每一次
吶喊與淚水，反而茁壯了我
對棒球的愛與熱情。
再一次感謝你們，見證我的
最終章。

周思齊
16

周思齊的最終章

THE LAST CHAPTER · THE LAST CHAPTER · THE LAST CHAPTER · THE LAST CHAPTER

16

CHOU SZU CHI

周思齊

游智勝

著

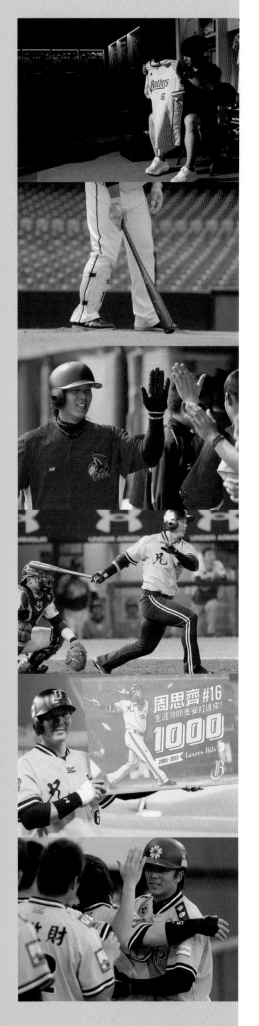

CON T

十年如一日   010

黃色球衣的重量   014

不只是裝備   020

與傷共存   025

努力的痕跡   026

訓練   030

第一步   037

我心中的蛇魂   038

ENTS

不能逃避　　　045

退路　　　049

新氣象　　　052

堪稱經典　　　057

情緒　　　061

千安百轟百盜　　　064

榮耀時刻　　　070

榮耀背後　　　076

記住，然後向前走   093

成為某人的榜樣   097

鑑古推今   103

理念   106

尋根   110

要告別真的很難   113

直到最後一刻   116

熟悉的老朋友們   120

ENTS

世代的傳承　　　　125

喊聲，兄弟齊心　　128

黃潮　　　　133

最後一次揮擊　　138

感謝從未放棄的自己　143

再見，還會再見！　147

最完美的結局　　153

十年如一日

我想這裏的「十年」，代表的是很多年很多年，不只十年的意思吧！

仔細想想，從國小打棒球開始，似乎每天的生活作息都很固定，打棒球成為我的生活必需品。

踏入職棒後，不要說每天了，每年的作息都不會差異太大。很多人對於球員的生活都不是很了解，以為我們晚上六點半的比賽，五點多到球場就好，其實我們可能中午就已經在球場開始準備今天的賽事，包含賽前的會議、練習。

很多人以為，球員可以隨時跟球團請假，不管是病假、事假還是特休假，但球員沒有這些假，無法在賽季間還請特休假出國走走，每一天我們都跟著球隊的賽程走，沒有比賽的日子就是訓練，固定休假的日子其實可能還有很多活動要支援，或是陪著家人，選手的第一順位只有棒球。

我想如果不是真的很喜歡，每天過這樣的生活應該會膩到想吐、想逃。

我想，不只是我，每位在球場上的選手，應該都對棒球有著同樣的固執與堅持，才能在十年如一日的日子裡，甘之如飴，即使面對各種傷痛、疲累，都還是繼續的留在球場裡。

黃色球衣
的重量

象迷到底有多少人？從來沒有正式的統計，也不知道從何時開始有了百萬象迷的稱號，但台灣最多的球迷就是黃黃的那隊，我覺得這應該是無庸置疑吧！攤開球賽進場的人數紀錄前幾名，幾乎對戰組合就一定會包含兄弟、各種票選活動，兄弟的選手絕對是占多數的領先，身為兄弟的選手應該最不擔心的就是各種票選比賽了！

很多人都說兄弟的球衣是「黃金聖衣」，這四個字代表著背後有上百萬的象迷支持，很耀眼，但其實也代表著更多的期許跟責任。

當我開始看職棒時，我最喜歡的球隊就是兄弟象，尤其是陳義信、王光輝等球星都來自我的故鄉，特別有親切感。正式踏入職棒後，經歷了好幾年的中職低潮期，對於象迷的應援氣勢印象特別深刻，特別是當球迷人數在低谷時，場上總還是能看到許多的象迷為自己的選手應援加油。

2008 年年底，在特別選秀會上，我成為了兄弟象的一員。

很難形容當時的心情，因為在這之前的幾個月，我進出了幾次地檢署，米迪亞打假球的案子不斷的在新聞推播，我一邊自主練球，一邊去參加日本獨立聯盟測試，對於棒球的未來我沒有太大的把握，也不敢有太多期待，哪邊可能有機會就往哪邊去試試，甚至已經做好了沒有職棒能打的打算。所以當我被選入兄弟象後，當下心情大概就是想痛哭一場吧，該說是上帝給我的器皿，讓我去學習與承接吧。

某種程度，我的確圓了小時候的夢想，但中間的過程卻讓我差點難以招架。

身為兄弟球員是幸福的，穿上了黃色球衣，特別能感受到球迷的熱情，以及能撼動整場的應援聲量、能讓對手震懾的氣勢，那股想贏球、不想輸的慾望就更加的強烈。

不只是
裝備

小時候打棒球，沒有自己的裝備，球衣通常是球隊一起共用的，有比賽的時候發給大家穿，就連手套、球棒也都是共用的。以前也沒有人教我們怎麼保養這些器材，很多東西都感覺又破又舊，例如手套、棒球可能自己還要綁線、縫補。我是左撇子，左撇子專用的手套不僅不便宜也很少見。

我還記得我的第一個左撇子手套，是用郭源治獎學金買的，到現在我都還捨不得丟，因為那就像是第一個專屬於我的「夥伴」。

成為職棒選手後，這些裝備變成球隊會配發、廠商會贊助，雖然不用再像以前一樣大家一起共用，也不用擔心損壞了該怎麼辦，但我對待每一件裝備的心，卻比以前都還要珍惜。

因為這些對我來說不僅僅是裝備，也是我的戰友，是跟著我一起上場拚搏的夥伴，每一次的接球、揮棒、踩踏於紅土上的瞬間，我都能與它們更加契合，也才能讓每一次的好表現成為可能。

周思齊的最終章

與傷共存

應該沒有一個選手身上是沒有傷的吧！？
從開始打棒球後，怎麼與自己的傷病共存，成為我無法逃避的話題。

雖然受傷一直都是運動員要面對的課題，但過去我們並沒有被好好的教導怎麼去處理這些疲勞跟傷勢，不嚴重的大概就是自己藥膏貼一貼、自己按摩紓緩一下、吃些止痛藥，嚴重的就聽醫囑、做復健，有時候想想過去對於這些運動傷害，其實有「三折肱而成良醫」的經驗，畢竟真的都是常態了，自己已經很習慣去找到讓自己比較舒服、能夠上場的方式。

其實身為一個選手，真的很怕、但又不能不面對的就是運動傷害了。

這幾年醫療愈來愈發達，再加上運科愈來愈被重視，受傷後怎麼治療、復健，跟之前比較起來有很大的不同，有時候會思考，如果我能更早就知道這些知識，也許就能讓自己的恢復程度好一點、傷痛少一點，畢竟肩膀受傷前，我也曾經是臂力不錯的雷射肩啊。

記得有球迷看到過去自己受傷的經歷、因為自打球導致血流不止、腳腫到需要換穿大一號的釘鞋才能上場的過往，曾問我：「為何當時受傷還堅持上場？這樣會不會讓傷害更大反而影響自己的職業選手生涯？」也曾在網路看到有球迷以為「周思齊是比較不容易受傷的體質。」
其實，哪個選手不是咬著牙、忍著痛，站在場上！？
沒有人會輕易地露出自己的劣勢、讓出自己的位置，每個選手都在與傷共存，投下一球一球好球，或是擊出一支支的安打。

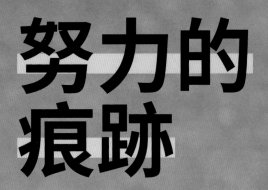

努力的
痕跡

你曾仔細端詳過你的手嗎？

長年練習下來，我的手又大又厚，大概是從很小開始就打
棒球的緣故吧，感覺我的手骨形狀也有點變形。當然，一
層一層的厚繭、脫皮，應該是我記憶中的常態，幾乎不記
得我的手掌曾有過細皮嫩肉、光滑亮白的狀態，畢竟因為
很認真的練習，才會累積了這些我努力過的痕跡，也是我
深愛棒球的印記。

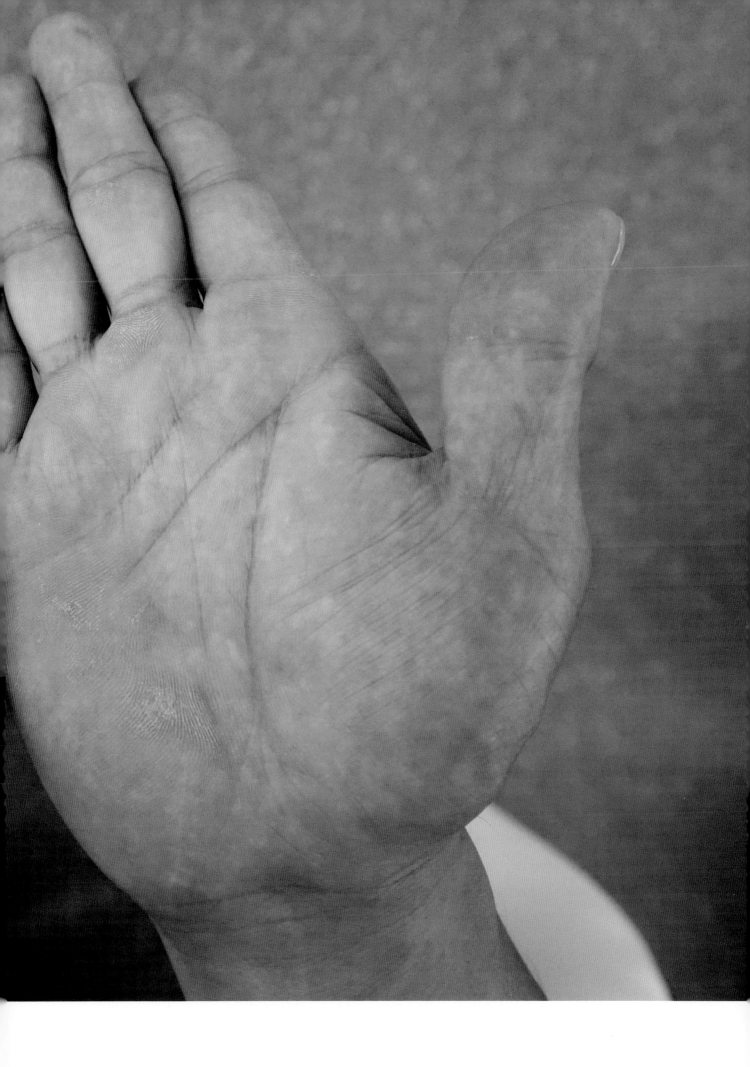

我從小的夢想就是打棒球，

如果失去了棒球，就會失去了熱情，我這麼熱愛棒球，

即使職業生涯結束了，但我為棒球努力這件事，

我想我這輩子都不會停。

訓練

身為運動選手，最不能逃避也最應該認真的就是訓練了！

很多人以為，沒有比賽的日子，就是職棒選手休息的日子，真的沒有你想像的這麼簡單啊！

通常球隊在一月開始就會進行春訓，春訓前期大概是球隊各項的訓練、個人狀態的調整與強化，接著就會進行自辦熱身賽，季賽開打前聯盟也會有官辦熱身賽。約莫三月底、四月初季賽開打，一路到九月。在季賽的期間，晚上的比賽，通常中午後就會到球場開會、進行賽前的練習；沒有比賽的時間也幾乎

都是球隊訓練的日子，固定休假大概只有一天。球季結束後，你以為休息了！？

球隊很快地就會開始秋訓，通常秋訓會針對比較年輕、沒有經驗的選手進行加強的訓練，像我們這種比較資深的選手雖然沒有秋訓，但其實還是得適度的訓練，要為接下來的春訓做好準備，因此通常都會安排自主訓練，保持身體的敏感、肌肉的靈活度。每一個階段訓練的重點都會不同，近幾年運科的資訊愈來愈發達，可以幫助我們訓練上更有效率，讓「苦練決勝負」可以有更精準的方向去進行獲得更多收穫。

周思齊的最終章

第一步

大學畢業前，我就已經思考著下一步的路。不僅僅是就業，也還需要面對兵役的問題。當年有「國訓棒球隊」可以去投考，簡單來說就是一邊當兵一邊打棒球，這也是一種延續棒球生涯的選項，對喜歡打棒球的我來說，根本是萬中無一的選擇。

我考入國訓棒球隊沒多久，當時有一個新的制度叫做「代訓」，也就是體委會、國防部委託中華職棒大聯盟來代為訓練，把當時在當兵的國訓棒球隊役男，分配給球團，希望藉此來開始建立職棒二軍的制度。那時候總共有六支球隊在代訓選秀會進行選秀，而我是以第三輪的順位被當年的誠泰太陽隊選為代訓選手。雖然看起來第三輪好像順位不是太差，但其實基數只有「役男」，也就是說，我並不是跟所有想挑戰職棒的選手一起做比較，所以當時我覺得自己的實力上可能還跟職棒優秀的選手有很大的差距，甚至也曾想過或許我只能打個五年吧。

想不到的是，一打就是二十年。

我心中的蛇魂

如果提到中職最好看的球衣，我想很多資深的球迷會跟我一樣，第一個就會想到誠泰 COBRAS。

大學畢業後，我參加了體育替代役的考試，進入了國訓隊。沒多久，代訓制度正式實施，2003 年 12 月 17 日的代訓選秀會，我在第三輪被誠泰選中，當年跟我一起入選的選手還包含了林恩宇、黃泰龍…等人。那一年代訓選秀會人才濟濟，包含「大師兄」林智勝、「大餅」林岳平、「火哥」張建銘、「綠色坦克」高國慶都是同一年代訓選秀的選手。

透過代訓選秀制度加入誠泰後，離職棒的夢想更近一步。
其實自己在代訓結束前，身上的傷並還沒有好，本來很擔心會影響後續球隊簽約的意願，但當時誠泰依然給了我機會，讓我在 2005 年順利拿下了合約，我正式成為了誠泰 COBRAS 的一員。
在當時，誠泰 COBRAS 是令人聞風喪膽的球隊，不

僅有著三本柱撐起一片天，兇猛的毒牙打線、下馬威打線都讓球迷津津樂道，應援團的應援風格以當時來說新穎又吸睛，很能凝聚場邊球迷的氣氛，而球隊的球衣、圖騰、周邊與各種視覺設計，都帶有濃濃日式風格，以現在來看都還相當的耐看，可以堪稱是目前中職史上最好看的設計了。

在誠泰 COBRAS 的期間，雖然訓練真的很辛苦，真的好幾次體能都操到快要吐，但在三芝永恆球場練球的時光依然讓我難忘。

誠泰 COBRAS 當時轉賣的時空背景，讓選手並沒有好好地跟大家說再見，而我從沒忘記我的職棒生涯起點是從誠泰開始，即使我一路換了球隊到中信兄弟，心中從沒忘記曾經是誠泰的自己與朋友，畢竟誠泰曾經是我青春的一部分！

Fighting

不能逃避

2008 年米迪亞買下了誠泰 COBRAS，在這之前，本來在誠泰轉賣的空窗期，我們連訓練器材都沒有，一切都相當的克難，所以當米迪亞確認接手後，很期待新球隊也許會有新氣象，帶領我們拿下更多的勝利，完全沒想像到迎來的卻是一連串的噩夢。

我從來沒想像過那些彷彿應該是電影、八點檔般的劇情會在球隊中上演。

曾經在比賽中，一下場我就被相關的人員叫到球場外，被車載走「想跟我聊聊」，從那些人口中，我聽到我的隊友們一個一個配合，而我們不願意配合的選手就是不斷的被洗腦、利誘，每一天睡醒都不知道自己這一天又要怎麼面對這些人。

我可以一直不回應，直到他們放棄說服我嗎？
我可以一直假裝自己睡了，不回應他們的敲門聲嗎？

還是，我可以怎麼逃避？
還是，我其實不能逃避？
很荒謬，我從沒想過，原來當一個職業球員，還得學會怎麼收集證據不被抓到、如何假裝淡定但其實心裡害怕得要死、如何想好好打球卻又害怕自己打得太好或太壞，因為打太好還要被關切，打不好會不會被懷疑我也一起放水。
你說，這是不是荒謬的太好笑？

與其說不能逃避，還不如說太不甘心，不甘心就這樣放棄……

退路

加入職棒後，我從沒想過有一天我還得去參加其他
獨立聯盟測試，你說這是退路嗎？我說其實我也不
知道退路在哪。

新氣象

2008 年,中職的球季還沒有打完,屬於我的球季就被迫提早結束,這一年,除了米迪亞被聯盟除名外,中信鯨也受到假球案影響,決定不再繼續經營球團,宣布解散,一時間,中職聯盟就有兩隊選手是呈現失業狀態的。

當時已經無法預測後續聯盟還會有什麼措施,在一切只能靠自己的情況下,我只能走一步算一步,幾乎所有能去的測試會我也去報考了。後來聯盟在當年 12 月 31 日舉辦了特別選秀會,讓當年受到球隊打假球與解散影響而失去舞台的球員,多了一個機會能重新回到球場。

其實選秀會前,各種傳言都有,尤其是案件還在偵辦的過程中,甚至傳出聯盟、球隊有所謂的「AB 名單」,即使我很清楚,自己並沒有做違法的事情,

但當時風聲鶴唳的氛圍下,我想應該很多人都想繼續打球,但對於未來都沒有太多把握。

很多人就這樣放棄了打棒球的想法,為了生活,選擇放下球棒與手套。但我呢?對我來說,成為職業棒球選手是我孩提時代就不曾遺忘的夢想,就這樣放棄,真的好嗎?因為這些無法控制的惡意與懷疑,就這樣離開,說什麼我都不甘心。

慶幸的是,那天我在第三輪被兄弟選走,煎熬幾乎一整年的我,終於有種塵埃落定的安定感。

還記得春訓第一天,到龍潭球場,穿著黃色球衣,一切都感覺很新鮮,而且總教練還是我從小就在關注的偶像王光輝,那種心情很像是剛入學的新生,對什麼事情都充滿著好奇與期待,而能重新披上球衣,對我來說也是揮別過去的陰霾,撥雲見日的時候了。

周思齊的最終章

堪稱經典

如果問球迷，記憶中最經典、最難忘的戰役，十個大概會有八個回答 2013 年 WBC，在東京巨蛋對戰日本隊的那一場比賽，剩下兩個應該是當年還沒成為球迷。

如果問球迷，周思齊哪場比賽、哪個打席最讓人難忘？那麼十個也有七個會回答 2013 年的 WBC。

這一場比賽，我們給了日本隊很大的壓力，雖然未能拿下最後的勝利，但連日本球迷也對當時中華隊的頑強印象深刻，這場比賽不僅僅是台灣球迷難忘，

連日本球迷也津津樂道，可以說真的是近十多年來經典的戰役之一。

那年，我們氣勢很旺，隊友也有很強大的向心力，我們在台灣過關斬將，一路打到了日本。我還記得站上東京巨蛋的打擊區，我其實還是會緊張，場邊幫日本隊加油的應援聲幾乎要衝破東京巨蛋的屋頂，威壓感十足。

田中將大真的是一名相當優秀的投手，那一球他真的沒有失投！

情緒

很多人對我的印象，大概就是一個成熟、穩重的資深選手，好像鮮少有所謂的情緒起伏。記得 2013 年 WBC 對日本的那支安打，我興奮地張開雙臂，也曾被媒體形容很少看到周思齊有這樣激動的情緒表現。但，身為人怎麼可能沒有情緒呢！？

我也曾因為不滿好球帶摔了頭盔被主審驅逐出場（但這是不好的示範，我事後道歉了）、也曾因為觸身

球暴怒過、也有因為開心激動得想落淚、興奮得想大吼！

我不是聖人，同樣有著脾氣與情緒，只是多數時間我會告訴自己，要先思考、要先觀看事情的樣貌，而不是用喜怒哀樂來評斷。它可以成為我們追求勝利的助燃劑，但它終究不能拿來當作武器。

千安百轟百盜

「千安百轟百盜」是許多打者追逐的里程碑之一，這不僅僅是象徵榮耀，也象徵著選手經過千錘百鍊而抵達的成就。

我很努力，也很幸運，也打得夠久，一步一步朝目標邁進，雖然花了 20 年，但結果是甜美的。

千安：2015 年 4 月 26 日，在桃園球場，為聯盟第 15 位達成千安的選手。

百轟：2017 年 6 月 29 日，在台中洲際棒球場，為聯盟第 17 位達成百轟的選手，也是第 12 位達成千安百轟的選手。

百盜：2024 年 6 月 16 日，在台北大巨蛋，為聯盟第 36 位達成百盜的選手，也是第 9 位達成千安百轟百盜的選手。

周思齊的最終章

周思齊 #16
生涯1000支安打達成！
1000
Career Hits
2005-2015

榮耀時刻

你人生的榮耀時刻，是什麼時候？
你人生的目標是什麼？

偶爾會有人問我這些問題，腦袋中的畫面也滿滿都
是棒球，有各項紀錄的推進，包含了每一支安打、
全壘打以及盜壘，但畫面最滿、最豐富的，當然還
是奪冠的時候。

那是跟隊友一起努力一整個球季，追求的不僅僅只
是個人紀錄的推進，更是整個團隊想要的那個冠軍
戒指。

你想想，整個球場拋下黃色彩帶，大家瘋狂的噴灑
著香檳祝賀，一整年的辛苦就在那一刻獲得了最大
的回饋，這樣的情緒跟畫面可以停留在腦中與心中
好久好久。

這 20 年來，我很幸運，能經歷好幾次這樣的時刻，
這些都會是我一輩子的寶藏。

周思齊的最終章

榮耀背後

大元

感性的花店老闆，辛苦了！

子豪

一號重砲，球隊重砲！

子賢

球隊的氣氛擔當之一，總是給大家歡樂的子賢，喜歡你的笑容能帶給大家力量！

小黑

私下很活潑的小黑，練習時很專注嚴肅。封王那天，你最後一球很帥！

洪董

感謝洪董對棒球的付出，以及對我的
照顧，我也一直謹記著「人品定優劣，
苦練決勝負」。

平野

帶了一群中信幼稚園的平野教練，辛苦了，拿到總冠軍的滋味很美妙吧！

宇杰

訓練很苦，但果實會很甜美，你會成為能掌控全局、球場上最有影響力的那個男人！

余謙

能歌又善舞，跟我分享很多年輕人在做的事情，總是能讓我年輕好幾歲的學弟！

志豪

辛苦了，球隊的老大哥，以後交給你了！（你送的啞鈴真的好重）

東華

東華運動能力超棒，期待你突破自己，找到那屬於你自己真正的天花板！

阿坤

有阿坤在的守備，安心感超足夠，絕對是個也能影響戰局、影響整個球隊的關鍵人物！

威晨

我這個老人收到了總冠軍禮物了 !!!!

周思齊的最終章

彥青

有兩顆心臟的學弟，為什麼站上
投手丘可以看起來這麼 CHILL 又
不失嚴肅，然後又投得很好？

恰哥

我敬仰學習的對象，恰哥人品以
及拚勁我想不需多說，這也是職
棒選手最佳最好的榜樣。

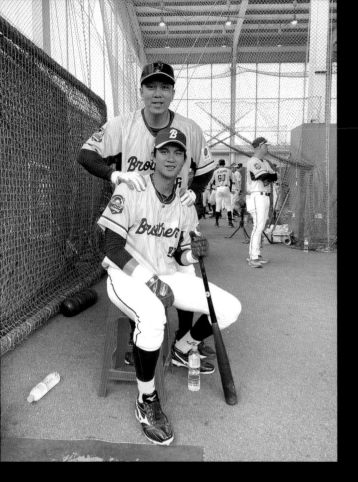

政華

名符其實的金手套！也感謝你對球芽孩子們的照顧。

哲源

控球很精準，以後去夜市玩九宮格要找你一起。

振昌

對於自我要求的態度令人敬佩，
是對手最害怕的投手之一！

晟睿

相信自己，積極進攻。

書逸

你的努力，大家都會看見，不要忘記在沖繩的日子喔。

泰龍

我的最佳室友，一起經歷過太多，辛苦了！

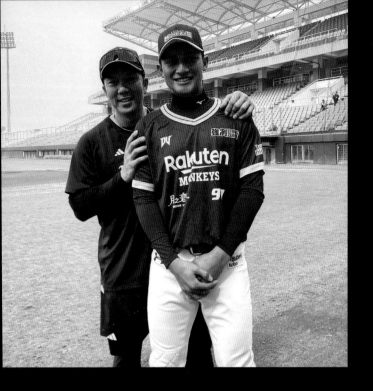

馬傑森

我把球芽傳承的棒子也交給你，
你可以做得比學長更好！

文杰

阿杰加油，不管你在
哪裡，學長都有關注
你！

馬鋼

馬鋼要記得我怎麼鍛
鍊你的，以後也要這
樣要求你自己！

　　　　　　　　　　　　　　　　　　　　　　　　　周思齊的最終章

基宏

9 月 21 日的單場 MVP，謝謝你把勝利送給我，謝謝！

頌恩

擁有頂級爆發力的學弟，名符其實的巨蛋王！

智勝

難以超越的男人，大師兄的全壘打紀錄應該會高懸很久，學弟們要以突破這個紀錄為目標努力啊！

韋盛

我的 B-box 老師！

周思齊的最終章

謝仕淵老師

教我用不同的視角去
看自己與棒球的關係,
也讓我重新認識了台
灣的棒球史。

FLY

在我身邊做事,很辛苦吧?
但其實我很感謝妳,幫我把
球芽維持得這麼好。未來,
我還是會繼續嚴格要求下去
的,因為我們背負著使命,
加油!

感謝某媒體月服在這時候給我這座獎項對我是個大的肯定和鼓勵.

從小不拳球就是我的最愛.能進入職棒圈也是我夢想的實現.在職業生涯的每一天.我都抱持著一份盡心盡力的心情.橘對我最愛的工作.也因以老很多的時候.外在條件.不能選擇.也很難控制.但我一直告訴自己堅持自己.不管環境如何.每場比賽.我都達動以赴.所以得到這座獎項.對我来講意義排凡.不僅僅是對我成績上的肯定.也肯定了我对棒球的執著.今後.我还是会采持自己一貫的信念繼續奶

記住，
然後向前走

職棒從創立到現在，發生過五次簽賭案，每一次發生其實都重重傷了球迷的心，尤其是 2008 年的黑米事件，是連高層都涉案，讓社會為之震驚；2009 年人氣球隊兄弟象眾多球員涉及假球事件，更讓職棒差點就走入歷史。

經歷過這麼多烏煙瘴氣的事情，這些曾對不起台灣棒球的選手，在球迷心中彷彿是「佛地魔」般的存在，是不能提起名字的那些人。

從最後一次假球案（2009 年）到現在，已經過了 15 年了，其實很多新的球迷並沒有經歷過假球案，或是對過去的這些假球案不是很了解，他們對於棒球的印象也許是在國際賽很熱血、場邊的應援很熱鬧，對於那段暗黑的歷史也許會有種過去都過去了，這些都不重要的感受。

但，我從沒想過要忘記那段歷史，即便曾經深陷其中而痛苦不堪的我，都不曾想要忘記這些經歷，因此只要有機會，我從不會去避諱談起那段過去，因為，向前走的同時，必須要記取過去的傷痛與教訓，才能不重蹈覆轍。

2024 年決定要引退時，我便打算要辦一個關於自己的展覽，而這個展覽一定會有一個空間是專屬「假球」事件，我不會隱藏這段過去，相反的我希望新球迷與球員可以因為我認識這些事件，你們才會知道現在的榮景得來多麼不容易，要知道過去的痛，才能理解現在的一切並非理所當然的存在。

德國在第二次世界大戰時，納粹曾對猶太人進行種族滅絕的殘忍政策，戰後的德國誠實面對歷史，過去用來屠殺猶太人的集中營轉型成為紀念場館，且多數的場域都是免費參觀，為的就是讓世人不要忘記過去的錯誤、記得這些傷痛，因為只有歷史不被遺忘，才能有更堅毅的勇氣面對未來。

記住，然後向前，一直是我對於過去所經歷的一切所依循的，不管是好、是壞，我都不會想忘記，不僅僅只是記得那如繁花般美好的回憶，更重要的是曾經磨練你身心、考驗你價值觀、迫脅你幾乎無路可走的那些糟糕的記憶，更不應該被遺忘，唯有如此，才能成長，才能更加堅強。

最暴暗的時

成為某人
的榜樣

在我剛踏入職棒的那個年代，網路還不是很發達，也不像現在有粉絲團、個人社群帳號，讓很多人可以很快地找到你、跟你互動與溝通，球迷多數都會透過信件、卡片將想要表達的心情傳遞給支持的選手。

已經忘了是哪時候開始，有球迷會在球場等著我，請我簽名、給我卡片。漸漸的，我的球迷開始會在信中跟我分享他們喜歡棒球的原因，例如是因為喜歡我而開始更喜歡棒球；有些小選手會以我為榜樣，期許未來能夠跟我一樣成為一名職業棒球選手。

這時，我意識到，原來我的工作、我正在做的事情，對某些人來說是很重要、是一個給自己激勵往前的目標，原來我可以成為某些人的榜樣。

突然間，肩膀上的責任似乎更重了些，原來棒球的影響力還能讓我成為也能影響他人的人，原來我也成為了某個人、某個孩子的榜樣。

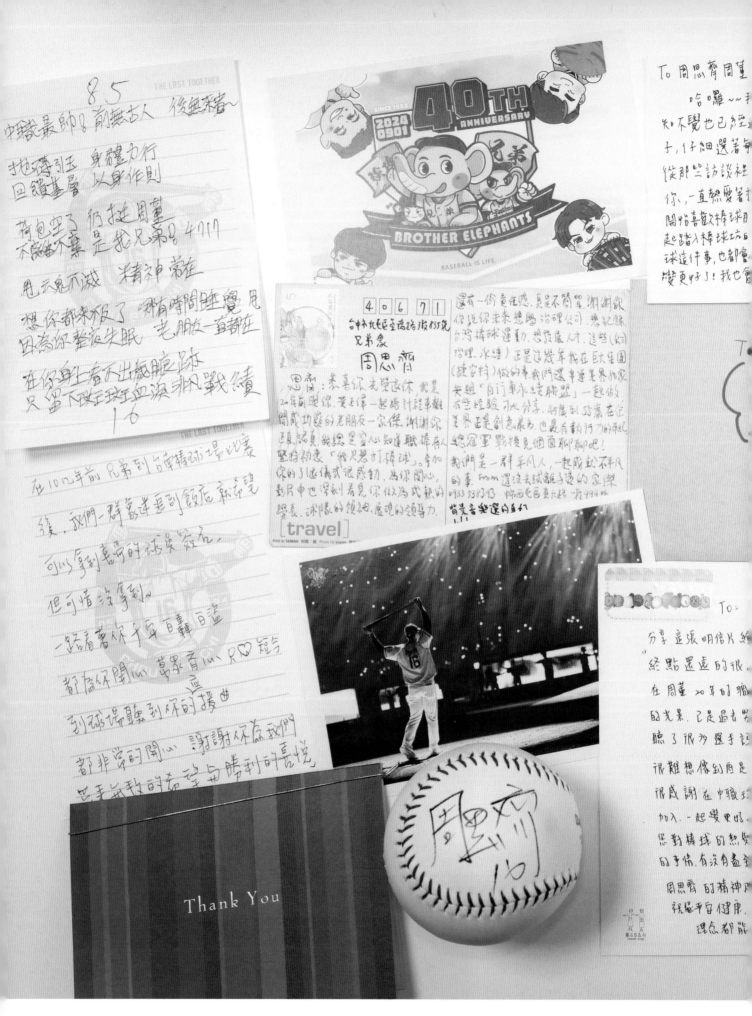

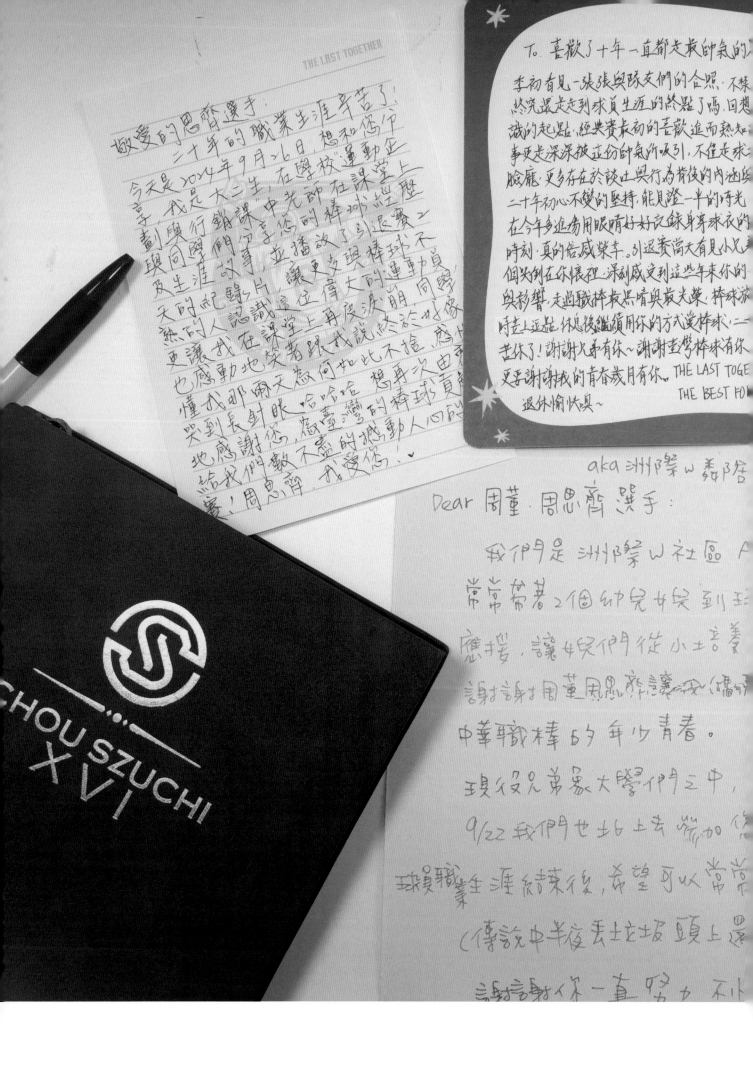

很多祝福!

THE LAST DANCE   THE LAST TOGETHER 86

給十年來都是那樣
　　帥氣和溫柔的思齊♡

2024的年初, IG一天一天的放上與隊友們的合照, 接著也被拍到了釘鞋上的"THE LAST DANCE" 這天終究還是來了嗎…… 從13年看你到現在其實也11年了, 時間在不知不覺中把我們推向了離別的終點. 慶幸的是能好好的陪你走完球員生涯的最後一哩路, 也似乎沒了什麼遺憾了.

20年, 真的辛苦了, 歲月帶走我們的青春, 卻從沒帶走你的善良和溫柔, 和那顆愛棒球的心. 從認識你到現在, 對這個環境的付出都看在眼裡, 謝謝你, 沒有放棄棒球, 更沒有放棄臺灣棒球, 真的, 有你更好♡

　思齊, 謝謝你讓我的青春是你
　　現在該是好好的跟青春告別了
　　　祝你快樂♥

又

的象迷朋友,
轉兄弟球員們
小象迷～
給一個, 有「周思齊」在

歡的周16選手,
引退典禮(整個哭爆)

社區遇到周董叔叔
墨鏡的鈡哥)

Just For You

MEOW

I WISH YOU EVERY HAPPINESS

Hi思齊!

　　謝謝你, 讓誠泰球迷能再次相聚. 我永遠無法忘記 2005 的夏天, 誠泰給我的無限感動. 以及誠泰的那幾年, 每個熱血的日子. 陪伴著當時準備大學聯考的我, 那是我當時最重要的精神支柱. 每個對著電視拿著拖鞋當加油棒瘋狂吶喊的時刻. 以及勝利後隔天衝到圖書館搶第一個看到 民生報, 和其他也愛棒球的朋友嗆聲一句我的誠泰最強等等的驕傲. 這些美好的回憶都是當時每一個誠泰的教練到球員所共同創造的黃金時期.

　　謝謝你的堅持與努力. 我必須承認在誠泰解散後, 以及幾次假球事件的重擊. 我不再的像高中一樣每天都目不轉睛的盯著每一場球賽. 因為打擊真的太大. 最喜歡的一切也回不去. 謝謝你的堅持. 我仍熱有球場心裡還有我青一票…

鑑古推今

我很喜歡歷史，喜歡到甚至去考了師大臺史所。

我更喜歡的，是棒球的歷史，甚至是台灣棒球的歷史。過去，棒球帶給台灣人無數熱血榮耀的時刻，卻隨著時代更迭逐漸被人遺忘。

我看著日本對於棒球歷史的重視，他們甚至從中延伸出許多理論與知識，用文字、書籍、紀念碑、博物館等各式各樣的方式讓這些歷史被延續，好讓人羨慕對不對？

如果我能為台灣的棒球歷史做點什麼，是不是一個開始？

所以我從閱讀開始，我從記錄開始，我從出書開始，從我開始。

棒球基礎讀本

報告教練

報告教練

山根俊英●著

山根俊英●著

必ずうまくなる 少年野球

東臺灣研究叢書 (五)

東臺灣研究叢書 (四)

東臺灣研究叢書 (三)

東臺灣研究叢書 (二)

東臺灣研究叢書 (一)

巴塱部落

職棒戰國策

台灣棒球史

賴幼祥 著

野球投手編

図解・實用 日露極短句

「論」次の一球は？

「論」次の一球は？

野球新セオリー・戦術入門　仁志敏久

HAWKS 70years 個別と再会の総論 ホークスの70年

統計学で解明！ 野球のギモン　永井良和

実践と復習の反復で「頭を整理する」 ベースボールインテリジェンス　川相昌弘

追悼の球団 阪急ブレーブス 光を超えた影法師　福本　プロ野球80年

稚心を去る 一流とそれ以外の差はどこにあるのか

育てる力　栗山英樹『論語と算盤』のえ　栗山英樹

全球入魂！プロ野球審判の真実　山崎夏生　北海道新聞社

880日で作る 140キロ投手育成論　健大高崎　花咲徳栄野球部ほか アスレティックトレーナー　塚原謙太郎　竹書房

あめつち　朝倉宏景　阪神園芸が舞台の スポーツ裏方小説！　景　講談社

野球を科学する 最先端のコンディショニング論　甲子園の神整備、NPO法人コンディショニング科学研究所　体育学博士　笠原政志　竹書房

工藤公康 配球とは

後楽園戦記 大いなる　工藤公康

理念

關於棒球，我有好多事情想說，有好多事情想要讓所有人都知道，但只是把棒球打好，在接受採訪的有限時間內試著傳達出來，是遠遠不夠的。

我去學習、上課、實地考察，甚至閱讀了好多好多的歷史文件，也觀察了台灣從基層到職業的棒球生態，更創立了屬於棒球的基金會，但這些知識、想法與理念，終究只在我的身體裡。

所以我開始寫書，從《周思齊的九局下半》到《心智鍛鍊》，再到《跑壘學》、《球場養護全書》，透過自己的故事，讓更多人知道職業球員對於棒球的堅持，甚至是喚醒那些被人遺忘或忽略的棒球故事與知識。也因為寫書，我開始有了講座的邀約，

也開始有越來越多人願意來跟我聊聊天,聽聽我想要傳達的理念。

為了能好好地說出我想要說的一切,我甚至開始學習怎麼好好的「表達」,以邀訪來說,我會先從訪談的大綱中,先去學習他們怎麼列訪綱、去思考為何是這些問題?我該怎麼回答這些問題?也會反思:「如果是我,我會怎麼列訪綱?哪些問題有助於闡述我想要的理念?」我還會蒐集訪綱,因為在許多大同小異的訪問中,總會有一些提問我覺得相當有意思,也可以成為我後續講座的素材之一。

如果是講座、演講類的部分,我就會擬定好我要闡述的議題與理念,列出重要的題綱,先在腦袋裡沙盤推演,反覆演練。就這樣,開始有一些人說我是「最會說話的棒球員」,但其實我也跟所有人一樣,只是透過反覆的練習,我才能知道怎麼讓自己能好好地說話,也讓人願意聽我說話。

不論是基層棒球的教育工程、花蓮能高團的歷史,以及一些關於我怎麼面對各種壓力、黑暗時期怎麼堅定自我的話題,甚至關於運動員的經濟層面與理財相關的議題,如果能夠藉由我的身分、我的影響力,將我所學習到的一切傳遞給更多喜愛棒球的人,對我來說就很有意義,而且也會是我一輩子持續下去的動力。

THE LAST CHAPTER

尋根

我是誰？我為什麼是我？那棒球與我的關係又會是什麼？

當我開始打棒球的時候，我總是重複地問我自己問題，關於我、我的故鄉，以及與棒球之間的關聯。也許很多人對於我去讀臺灣史研究所、書寫關於棒球史的書與棒球教科書感覺很斜槓，但我其實一直都圍繞著「棒球」這個本質沒有脫離，而對於追尋棒球的根，是我一直想要做的事情。

2014 年是球芽棒球獎學金第一年頒獎，那年我已經開始在爬梳有關能高團、林桂興的相關史料，12 月頒獎前，我跟執行的同仁們一起討論，把特別獎取

名為「羅道厚特別獎」，為了就是紀念台灣第一位到日本打職棒的選手，而這位選手就來自花蓮！

2019 年 9 月，在一個念頭與契機下，決定在台中棒球故事館策畫了《被遺忘的棒球－能高傳奇展》特展，這個特展內容把過去蒐集到的一些報導、文物整理呈現給大家，期許透過這樣的機會，讓更多人知道台灣棒球還有很多故事，不僅僅是紅葉、金龍，往前推進也不是只有嘉農 KANO，來自花蓮的能高團對花東棒球的重要性，還需要更多的爬梳研究。
如果台灣真的把棒球當作是國球的話，那麼各地的台灣棒球史更應該要被記錄、被記得，棒球與在地的我們產生的關聯，都應該要被知道與理解。

要告別
真的很難

宣布引退，這件事情在腦海裏面大概想像過數千遍。記得出版《周思齊的九局下半》這本書時，我就已經在思考我應該差不多要引退、要開始規畫下一步，只是那幾年在球隊的規劃下，我一直又把這樣的想法吞回去，沒有正式的往下一步進行。

我照常的訓練、照常的出賽，有時候突如其來的好表現會讓我自己告訴自己，「也許我還能打」，但隨之而來的低潮期又會提醒自己，「也許是時候了」。我知道棒球是高失敗率的運動，但越來越長的低潮期，就像是邁向終點的鈴聲，一次又一次的告訴我終點即將抵達。

一直到 2023 年球季結束後，我就很清楚時間真的到了，即使自己真的很喜歡棒球，但身體很清楚我無法持續在場上為球隊做出更多貢獻，即使再怎麼不捨，我都得誠實的面對自己，是時候要好好的跟大家說再見。

即使記者會前，我已經在心中模擬了無數次，但沒想到一開口我還是忍不住掉淚。
畢竟，要告別這一切，真的太難了⋯⋯

直到
最後一刻

TOGETHER

雖然在球季開幕前,我就已經正式宣布今年是我最後一個球季,直到最後兩天的引退活動前,我都還是無法去想像那兩天的畫面。

可以預期的,是會有很多很多的記者、很多很多的球迷朋友,即使是前一天我回到大巨蛋彩排,我都還沒能真正感受到這是最後了。

9 月 21 日這天,在前往球場的路上,除了對於滿場多了一點期待,也多了一點「這是最後一次以球員身分踏入球場」的心情了,這一刻,真的要來了啊!

熟悉的
老朋友們

周思齊的最終章

從 2005 年正式成為選手之後，經歷過了職棒的低潮，也參與了 2013 年 WBC 後職棒人氣回溫，更多年輕的球迷也一起關注賽事。

只是，心中一直有個遺憾，那曾經輝煌過的球隊消失了，來不及說再見；很多因為假球事件離開的球迷也不再進場了。

2024 年 9 月 21、22 日連續兩天的引退活動，誠泰 COBRAS 的老隊友們回來了、兄弟的老前輩與戰友們也回來了，真的讓我相當感動。特別是這些來不及跟大家說再見的誠泰戰士們，能夠齊聚一堂，一起唱著殺殺歌、揮舞著誠泰 COBRAS 的大旗，在將近 20 年後，再一次好好的在這裡相聚，然後好好的注視著彼此，說出 20 年前來不及說出口的再見，這或許是棒球之神對我最大的恩賜了。

世代的
傳承

9 月 21 日那天，我與誠泰 COBRAS 的隊友們以及中信兄弟的小兄弟們合照，這也許看似稀鬆平常的活動照，對我來說卻別具意義。

誠泰是我職棒生涯的起點，中信兄弟是我職棒生涯的終點。兩個球隊與我站在一起，不僅僅象徵著我 20 年選手生涯，同時也象徵著 20 年來的時代更迭與世代的傳承。

期許我的小兄弟們，繼往開來，並為自己打造屬於自己光輝的時代！

喊聲，
兄弟齊心

周思齊的最終章

那天最後一次跟著小兄弟們一起象圈圈，一起喊聲，
謝謝你們陪我完成了最後一場比賽！

大象是群居的動物，而且母象在生產時，其他的大象
們會圍繞著母象，保護生產中的母象，以及剛誕生
的小象，這個圈圈有著很強的保護與互助的意義在。
我跟小兄弟們也很喜歡圍著圈圈，那代表著可以一
起凝聚我們的共識與力量。

兄弟齊心，其利斷金！
團隊的意義，就是在於我們不是為個人紀錄奮戰，
而是為了團隊的榮譽一起努力。

那天最後一次跟著小兄弟們一起象圈圈，一起喊聲，
謝謝你們陪我完成了最後一場比賽！

周思齊的最終章

黃潮

謝謝老兄弟們、謝謝小兄弟們、謝謝每一位象迷們！
在引退的時候，能跟這麼多人齊聚一堂，看著大巨
蛋滿滿人，穿著黃色球衣，真的相當的感動！

繼往開來，黃潮不息！
是我給小兄弟的祝福與期許。

謝謝每一位黃血人陪我走完在球場的最後一哩路。

銀行　WORLD
GYM  中國信
台灣

最後一次
揮擊

那天，全場的燈光都暗了，聚光燈落在我的身上，一邊聽著大家唱著我的應援曲，一邊走上打擊區，即使在這之前已經有一連串引退相關的活動與消息、採訪，但這一刻我才更深刻的感受到：「啊，真的要跟自己的職業生涯說再見了啊！」

我深呼吸，眼眶好像有點濕濕的。

以往，我必須要全力揮擊，因為我想為球隊得到更多的分數，

這一次，我的揮擊，代表我跟我的職業時代告別，真的不捨。

2024 年 9 月 22 日，我以選手身分最後一次上場，揮別了球場。

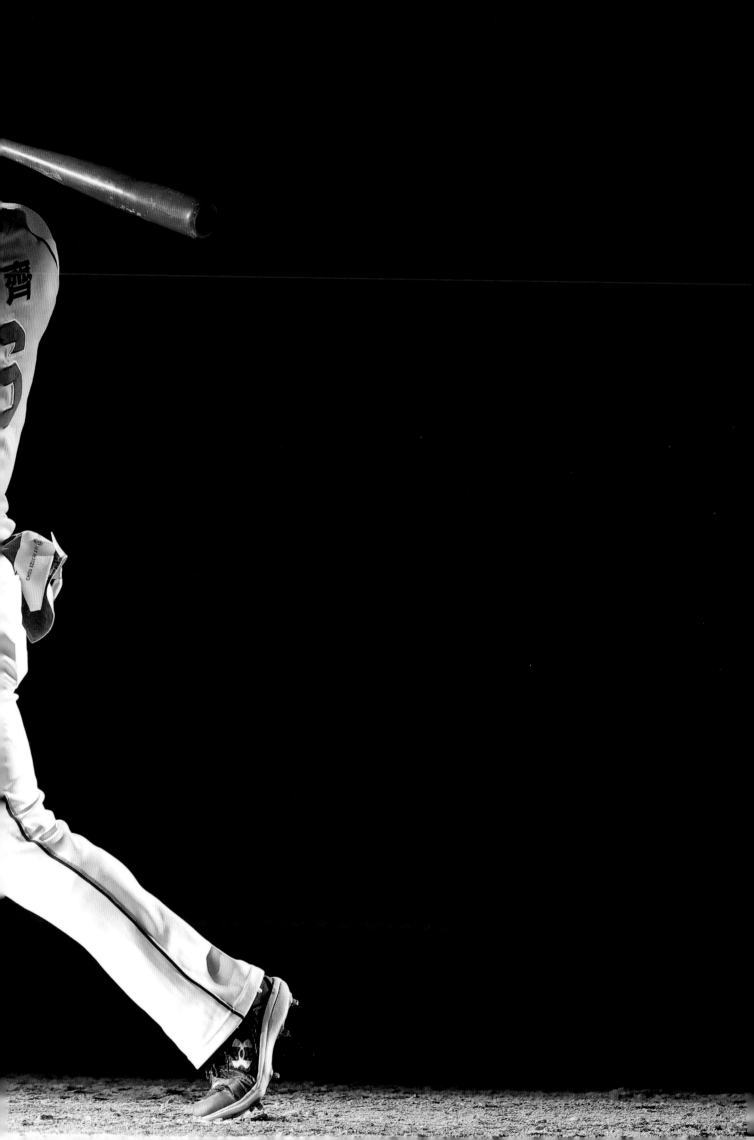

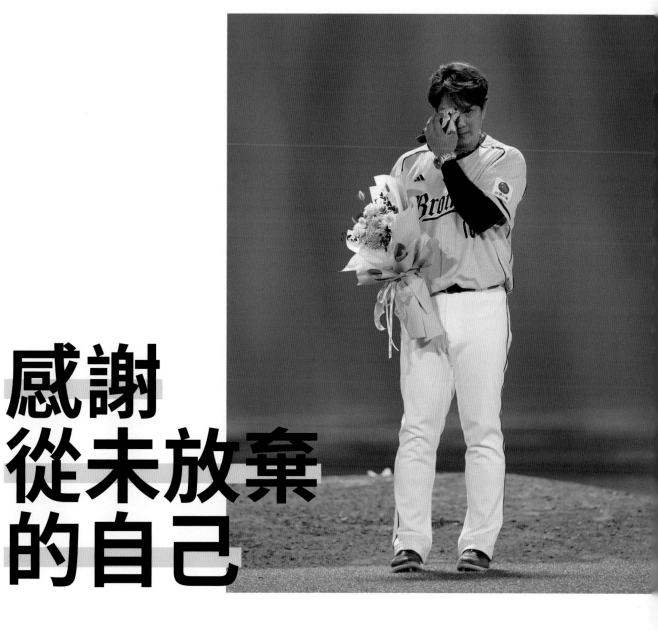

感謝
從未放棄
的自己

不知道是不是年紀比較長了，就會比較容易想起過去的事情？或是因為面對職棒生涯的最後一年，很多的採訪都會往關於自己職棒生涯的回顧去進行？

曾有人問我：「你想感謝誰？」「誰對你很重要？你的貴人是誰？」
其實貴人很多，想感謝的人也很多，每個朋友在我的每個人生階段中都扮演著不同角色，有著不同的重要性。不管是家人、師長、好友……等等。

但回顧了超過 20 年投入棒球的一切，我真的要給我自己一個擁抱、一個感謝，感謝那即使討厭日曬還是每天去棒球隊報到的 12 歲周思齊、感謝那即使在 C 隊也要拿著球棒去屋頂練揮棒的 16 歲周思齊、感謝那面對各種威脅利誘還差點沒球打也依然堅信在這棒球路上的 27 歲周思齊，感謝這麼多年來，都沒有放棄過棒球的自己，真的辛苦了，謝謝！

周思齊的最終章

再見，
還會再見！

深深一鞠躬，謝謝球場、謝謝每一個出現在我棒球生命中的你們！
雖然說是跟大家道別，
但我知道，我並不會真正的離開棒球，
熱愛棒球的你們，我們一定會再見面的！

周思齊的最終章

最完美的結局

引退後，球隊接著也拿到了全年度勝率第一，確定能打總冠軍賽，隊上的小兄弟們就一直說要給我這個老人一個總冠軍。

雖然這年上半季打得很辛苦，還很多人都不看好我們，但團結、不放棄的小兄弟們，下半季即使在許多人都掛傷兵的情況下，依然打出好成績，不僅拿下下半季冠軍，還超車了統一 7-ELEVEn 獅的全年勝率，打進季後賽的我們也因此多了一點休息調整的時間，好好的備戰總冠軍賽。

中信兄弟在 2024 年拿下了總冠軍的榮耀，我想每個資深的選手，都希望在自己職棒生涯最後一年，還能拿個冠軍戒指，而這個總冠軍對我來說就是最完美的結局了。

謝謝你們，我的小兄弟，我這個老人真的沒有遺憾了！

周思齊的最終章

國家圖書館出版品預行編目(CIP)資料

The last chapter：周思齊的最終章/周思齊，游
智勝著. -- 初版. -- 新北市：堡壘文化有限公
司出版：遠足文化事業股份有限公司發行，
2024.11
    面； 公分. --（入魂；30）
ISBN 978-626-7506-26-4(精裝)

1.CST: 周思齊 2.CST: 職業棒球 3.CST: 運動員
4.CST: 傳記

783.3886   113015295

入魂 30

書　　　名	THE LAST CHAPTER: 周思齊的最終章
作　　　者	周思齊、游智勝
照片提供與協力	游智勝、李鴻明、戴嗣松、方敬

堡壘文化有限公司

總　編　輯	簡欣彥	行 銷 企 劃	游佳霓、黃怡婷
副 總 編 輯	簡伯儒	封 面 設 計	萬勝安
責 任 編 輯	簡伯儒	內 頁 構 成	覓蠹設計室

出　　　版	堡壘文化有限公司
發　　　行	遠足文化事業股份有限公司（讀書共和國出版集團）
地　　　址	231 新北市新店區民權路 108-2 號 9 樓
電　　　話	02-22181417　傳真　02-22188057
E m a i l	service@bookrep.com.tw
郵 撥 帳 號	19504465 遠足文化事業股份有限公司
客 服 專 線	0800-221-029
網　　　址	http://www.bookrep.com.tw
法 律 顧 問	華洋法律事務所　蘇文生律師
印　　　製	韋懋實業有限公司

初版 1 刷　2024 年 11 月

定　　　價	新臺幣 900 元
ISBN	978-626-7506-26-4
EAN	8667106519182

有著作權　翻印必究